TABLETTES

D'UN

VOYAGEUR EN ITALIE.

.... *Videmus*
Italiam. Italiam primus conclamat achates;
Italiam Lœto socii clamore salutant.

VIRG.

Par-tout sont île beaux champs qu'éclairent de beaux cieux,
Où la nature est riche et l'art industrieux.

DELILLE, *Géorg.*

Incendie du Vauxpapier de retour dans ses foyers à Paris.

Bonnet, sculp.

TABLETTES

D'UN

VOYAGEUR EN ITALIE.

A PARIS,

DE L'IMPRIMERIE DE P. DIDOT L'AINÉ,

CHEVALIER DE L'ORDRE ROYAL DE SAINT-MICHEL,

IMPRIMEUR DU ROI.

1818.

NOTE PRÉLIMINAIRE.

Ces tablettes avoient été faites pour l'usage personnel d'un voyageur; leur commodité, leur utilité reconnues, l'ont déterminé à en faire imprimer un très petit nombre d'exemplaires, tous sur papier vélin. Confiées aux presses si justement célèbres de M. Didot l'aîné, rien n'a été négligé pour les rendre agréables, faciles à parcourir, et portatives par le choix du format.

Le voyageur trouvera indiqués au bas de chaque page, les descriptions particulières et les ouvrages principaux, relatifs à chaque lieu, à chaque objet qui pourroit exciter sa curiosité. Ces recherches ont été faites avec soin.

On n'a pas cru devoir faire mention des ouvrages de M. Dupaty (Paris, 1785), et de celui de M. de Lalande (Paris, 1786), qu'aucun voyageur ne doit négliger d'avoir avec soi. On consultera très utilement le Voyage classique en Italie par John Chetwode Eustace (Londres, 1802.) (1)

L'*ordre* dans lequel les villes se trouvent placées à la table qui suit cette note préliminaire, peut servir de guide pour un voyage; mais on doit avertir que les villes dont les noms sont écrits dans cette table

(1) On assure qu'une traduction française de cet ouvrage qui est du plus grand intérêt pour l'histoire, les sciences et les arts, doit paroître incessamment.

en lettres *Romaines*, ont été rejetées au supplément; elles peuvent être retranchées du voyage sans diminuer notablement de son intérêt. Enfin, pour que ces tablettes ne laissent rien à desirer de ce qui peut les rendre utiles, on a ajouté, dans le supplement, trois itinéraires qui peuvent être suivis; elles sont terminées par une table alphabétique des lieux.

Après le Voyage, ces tablettes conserveront leur intérêt; elles retraceront à la mémoire tous ces chefs-d'œuvre de l'antique et belle Italie, les circonstances du voyage qu'on se plaît à y rattacher; elles rassembleront en un mot *les Souvenirs du voyageur de retour dans ses foyers.*

TABLETTES

D'UN VOYAGEUR

EN ITALIE.

~~~~~~

CHAMBÉRI.[1]

—

La sainte Chapelle.
Le Château.
La Cathédrale.
Les Jésuites.
La Visitation. (Collége.)
Le Théâtre.
Le Marché.
La rue Couverte.
La belle promenade du Verney.
Le Champ-de-Mars.

[1] VERNEILH, *Statistique du Mont-Blanc;* GRILLET, *Dict.;* BEAUMONT, *Alpes grecques et cottiennes.*

ENVIRONS.
{
Aix.
Arc de Campanus. [1]
Bains chauds. [2]
Le Bourget.
Lac.
Hautecombe. (Fontaine intermittente.)
Couz.
Bout du monde. } (Cascades.)
Buisson rond.
Les Marches.
Les Charmettes.[3] (Maison de J. J. Rousseau.)
}

[1] MILLIN, *Monument sépulcral de Campanus.*

[2] DESPINE, *Essai sur la topographie médicale des eaux d'Aix ;* SOCQUET, *Analyse des eaux thermales d'Aix.*

[3] RAYMOND, *Notice sur les Charmettes.*

~~~~~~

TURIN.

———

La Cathédrale. (Le saint Linceul.)
Palais royal et ses environs.
La Galerie.
Le Théâtre royal.
Le Château.
Saint Laurent.

L'Université. {
　Cabinet d'antiques. [1]
　Médailles.
　Table isiaque. [2]
　Bibliothèque. [3]
　Antiquités égyptiennes.
　Inscriptions antiques.
}

La Carità.
Académie royale.
Observatoire.

[1] MILLIN, *Voyage en Piémont et en Savoie- Guida di Torino.*

[2] RICOLVI, *Mus. Taurinens;* MAFFEI, *Mus. Veron et Taur.*

[3] PASINI, *Codic. manuscr. Bibl. Taurin.*

Musée d'histoire naturelle. [1]

Palais Carignan.

Théâtre Carignan.

Théâtre d'Angenne.

Collége.

Saint-Philippe de Neri.

Sainte-Croix.

Saint-Crucifix.

Place Saint-Charles.

Sainte-Christine.

Saint-Charles Borromée.

La Visitation.

La Conception.

Sainte-Thérèse.

Saint-Roch.

L'Arsenal.

La Miséricorde.

La Consolata. { La Sacristie. / La Terrasse.

Saint-Augustin.

San-Solutore.

Hôtel de Ville. { Cour. / Grande Salle. / L'Apothicaireric

[1] BORSON, *Catalogue raisonné.*

Corpus Domini.

L'Académie de Peinture.

Atelier de Bozanigo.

San-Spirito.

La Trinité.

Saint-Dominique. (Chapelle du Rosaire.)

Hôpital des Pélerins.

Les Rosines.

Albergo di Virtù.

Saint-Maurice et Saint-Lazare.

Château d'eau, près de la porte de Suze.

ENVIRONS.
- Borgo di Pô.
- Porta del Pô.
- Ponte.
- Vigna della Regina.
- La Montagne des Capucins.
- L'Église.
- Les Carmelites.
- Virgine del Pilone.
- La Superga.
- Moncaliere. (Petite ville.)
- Valentino.
- La Vénerie royale. '
- Église paroissiale.

CASTELLAMONTE, *Veneria reale.*

~~~~~~

CONI.

———

Portes { de Nice.
       { de Turin.

Le Marché.

Saint-Ambroise.

Santa-Maria del Bosco.

Sainte-Claire.

L'Hôpital, l'Église, la Sacristie.

L'Arsenal, Casernes, Magasins.

La Tour.

Palais { della Città.
       { Rubati.
       { Tornaforte.
       { Stroppo.

ENVIRONS. { L'Église des Anges.
          { L'Arquebuse.
          { Madonna del Olmo.

GÉNES. [1]

Palais {
Spinola.
Balbi.
Durazzo. [2] (Cabinet d'estampes.)
d'Oria.
Gentile.
Carrega.
}

L'Albergo.

Le grand Hôpital.

La Paanneterie.

Porto franco.

Ponte Carignano.

Machine à polir le marbre.

Aller en mer, à un mille du port.

Monter {
au haut de la Lanterne.
à l'Éperon.
}

[1] MILLIN, *Voyage dans le Piémont et à Gênes;* RATTI, *Guida;* RATTI, *Pittori genovesi.*

[2] BENINCASA, *Descrizione. Parme.* Bodoni, 1784, in-4°.

La Cathédrale. (Sacro Catino.)[1]

L'Annonciade.

S. M. in Carignan. (Saint-Sébastien du Puget.)

San-Ciro.

Sant-Ambrogio.

San-Luca.

Le Palais du Doge.

L'Arsenal. (Rostre antique.)

La Sotta riva.

Palais
{
Palavicino. (Théâtre.)
Tarsi.
Brignole.
}

Notre-Dame des Vignes.

Saint-Dominique.

Banque de Saint-George.

---

[1] MILLIN, *Notice sur le Sacro Catino*; BOSSI, *Observations sur le Sacro Catino*.

MILAN. [1]

Saint-Laurent. (Huit colonnes antiques.)

Cathédrale.
{
Chapelle souterraine.
Sacristie.
Le Trésor.
Le Baptistère.
Monter à la coupole.
Saint-Barthélemi écorché. (Statue.)
Le saint Clou.
}

Atelier de sculpture.

Loggia de i Mercanti.

Places {
Fontaine.
della Città.
}

[1] MILLIN, *Voyage dans le Milanais*; LATUADA, *Descriz. di Milano*; BIANCONI, *Nova Guida di Milano*; BORRONI, *Forestiere in Milano*; ALLEGRANZA, *Antichità di Milano*; GIULINI, *Memorie di Milano*.

Bibliothèque Ambroisienne. {
Virgile de Pétrarque.
Manuscrits de Léonard.
Manuscrits publiés par M. Mai.

Le Muséum.
Casa Borromeo.

Saint-Ambroise. {
Portique.
Tombeau en mosaïque.
Autel d'or.
Serpent d'airain.
Cloître.
Sarcophage.

Saint-Augustin. (La Bibliothèque.)
Saint-François.

CORSO DI PORTA ORIENTALE.

Palazzo Durini.
San-Babila.
Séminaire.
Saint-Pierre-Célestin.
Collège helvétique.
Saint-Denis.
Le Lazareth.
Maison de correction.
Sant-Angiolo.
Colonne Infame.

Saint-Victor.

Notre-Dame-des-Graces. $\left\{\begin{array}{l}\text{Couronnement d'épines, par} \\ \text{le Titien.} \\ \text{Cène de Léonard de Vinci.}\end{array}\right.$

Saint-Jérôme.

Corso di Porta Vercellina.

Caserne.

Foro.

Cirque.

San-Simpliciano.

Sainte-Marie.

San-Carpoforo.

Collége de Brera. $\left\{\begin{array}{l}\text{Galerie.} \\ \text{Escalier.} \\ \text{Bibliothéque.} \\ \text{Observatoire.}\end{array}\right.$

Académie de peinture et de sculpture.

Musée.[2]

Médailler.

Cabinet de physique.

---

[1] Pino, Amoretti, Guillon, Bossi, Verri.

[2] Critoni, *Pinacotheca.*

PORTE DU TESIN.

Palais du Gouverneur. [1]

Théâtre de la Scala.

Casa Annona.

Saint-Nazaire.

Saint-Paul.

La Trivulzia. (Tombeau des Trivulzes.) [2]

Madonna del Celso.

San-Celso. [3]

Saint-Eustorge. { Tombeaux divers.
Tombeau de saint Pierre, martyr. [4]
Tombeau des rois mages. [5]

La Victoire.

Saint-Laurent.

Saint-Aquilin. (Tombeau de Galla Placidia.)

Casa Visconti.

Santa-Marta.

Casa Trivulzi. (Cabinet d'antiques.) Marq. Gian. Jacob. [6]

---

[1] CICOGNARA, *Storia della Scultura.*

[2] ROSMINI, *Trivulzio il grande.*

[3] BUGATI, *S. Celso.*

[4] LAMBERTI, *Pittura d'Appiani.*

[5] FUMAGALLI, *Vicende di Milano.*

[6] *Notice de ce Musée;* MILLIN, *Annales Encyclop.* 1818.

Saint-Alexandre.
Collége impérial.
Saint-Sébastien.

PORTE BEATRICE.

Saint-Eusébe.
Case { Casani.
       { Simonetta.
Saint-Joseph.
Il Giardino.
Casa porta.
Théâtre.
Case { Marino.
       { Clerici.
Sau-Fedéle.

PORTE ROMAINE.

L'Archevêché.
L'Homme de Pierçe.
Les Prisons.
Casa Castelli.
La Passion.
Foppone.
Saint-Philippe de Neri.
Barnabites.

BORGO DI PORTA ROMANA.

Paradiso.

Saint-Antoine.

Grand Hôpital.

San-Stefano.

La Monnaie.

Cabinets
{
du marquis Castelli.
du comte Arese.
du marquis Corbella.
de don Peralta.
du marquis Gallarati.
du marquis Litta.
du comte d'Annone.
}

Observatoire du comte Moscati.

ENVIRONS.
{
Castellazzo.
Monza. [1]
  Couronne de fer. [2]
Monuments chrétiens.
Monbello.
Bizago.
Comazzo.
Chiaravalle.
Lainatte au marquis Litta.
}

[1] FRISI, *Memorie di Monza.*

[2] FONTANINI, DE NUBR.

PAVIE. [1]

La Cathédrale.

San-Pietro in ciel d'Oro. { Tombeau de Liutprand.
Crypte.
Tombeau de S. Augustin. [2]
Tombeau de Boece.

Saint-Michel.

San-Salvador.

Le Château.

L'Université.

Le Théâtre.

San-Giovani in Borgo.

Olivetani.

Santa-Maria in portico.

Padri della Missione.

Les Dominicains.

Colleges { del Papa.
Borromeo.

[1] CAPSONI, *Memorie di Pavia*.

[2] FONTANINI, *de Corp. S. August*.

Université.

Cabinet d'histoire naturelle.

Palais $\begin{cases} \text{Mezzabarba.} \\ \text{Botta.} \end{cases}$

La Chartreuse. [1]

Champ de bataille de François Ier.

---

[1] *Vues de la Chartreuse.*

COMO. [1]

La Cathédrale.
Les Cordeliers.
Le Crucifix.
Saint-Jean in Atrio.
Les Dominicains.
Ancien portique.
Lac Majeur. [2]

Iles Borromées. { Ile-Belle.
Ile-Mère.
Iles des Pêcheurs.

[1] GIOVIO, *Lettere Larinesi.*
[2] AMORETTI, *Viaggio a i tre Laghi.*

CRÉMONE. [1]

La Cathédrale.
Le Baptistère.
L'Hôtel-de-Ville.
La Tour (372 pieds.)
Saint Laurent.
Saint-Nazaire.
Santa-Maria del Castello.
Les Cordeliers.
Sant-Abondio. (Imitation de l'église de Lorette.)
Palais ⎰ Maggi.
       ⎱ Raimondi.
       ⎱ Schinchinelli.
Saint-Dominique. (Bibliothèque.)
Saint-Marcellin.
Saint-Barthélémi.

[1] Ant. CAMPI, *Cremona rappr, in disegno.*

San-Pietro al Pò. (La plus belle.)

Sainte-Monique.

Sant-Omobono. (Beau plafond.)

Sainte-Marguerite.

Le Théâtre.

Saint-Augustin.

Saint-Sigismond.

ENVIRONS. Torre de i Piccenardi.

[1] BIANCHI, *Marmi Cremonesi.*

~~~~~~~~~~~~~~~~~~~~~~~~~~~~~~~~~~~

PLAISANCE. [1]

———

La Citadelle.

Places { du Palais public.
{ du Palais ducal.

Statue équestre.

La Cathédrale.

Saint-Augustin (le Cloître.)

Madonna di Campagna.

Saint-Antonin.

Saint-Sixte.

La Douane.

Le Collége des Marchands.

Fossiles de M. Cortesi.

[1] POGGIALI, *Memor di Piacenza;* CARASSI, *Le Publiche itture di Piacenza.*

Palais [1] { Malvicini.
Mandello.
Vigoleno.
Ferrari.
Anguissola.

ENVIRONS. [2] { Via Æmilia.
Velleja. [2]

[1] POGGIALI, *Stor. Letter. di Piacenza.*
[2] PITTARELLI, *Tavola alimentaria.*

~~~~~~

PARME. [1]

Palazzo della Città.

Capucins.

Tutti Santi.

Annonziata.

Palais Ducal.

Académie de peinture. [2] Saint-Jérôme du Corrège.

La Bibliothèque. { Académie.
{ Salle des antiques.
{ Table alimentaire. [3]

Le grand Théâtre.

Le petit Théâtre.

Stradone.

Le Casino.

---

[1] AFFO, *il Parmigiano servitore di Piazza.*

[2] AFFO, *Pittori Parmigiani.*

[3] AFFO, *Raggionamento sopra una stanza.*

Piazze { Piazza grande.
{ La Steccatta (la plus belle.)

Saint-Paul (fresque du Corrège. [1])

Imprimerie de feu Bodoni.

Ponti { di Mezzo.
{ della Rochetta.
{ Caprazucca.

Il Duomo.

Saint-Jean.

Santa-Maddalena.

San-Sepolcro.

Saint-Roch.

L'Université. { Cabinet d'histoire naturelle.
{ Observatoire.
{ Jardin botanique.

Saint-André.

Saint-Michel.

Madonna della Scala.

La Citadelle.

San-Quintino.

San-Vitale.

Saint-Antoine.

Saint-François de Paule. (Cabinet d'animaux.)

---

[1] Gherardo DE ROSSI, *Pittura del Corregio a S. Paolo.*

Palais $\begin{cases} \text{Giardino.} \\ \text{San-Vitale.} \\ \text{Rangoni.} \\ \text{Palaviciui.} \end{cases}$

———

REGGIO.

La Cathédrale. { Sculptures de Clémenti.
{ Son tombeau.

Saint-Prosper.

Le Théâtre. [1]

Madona della Ghiara.

Augustins.

Capella della Morte.

L'Hôtel-de-Ville.

[1] MANFREDI, *Teatro di Reggio.*
[2] *Pitture della Chiesa della Ghiara.*

MODÈNE.[1]

Palais Ducal. {
Galerie. [2]
Chapelle.
Bibliothèque.
Musée.
Cour.
}

La Cathédrale. {
Seau enlevé.
Tombeau de Sadolet.
}

Crypte.

San-Bartolommeo.

Saint-George.

La Chiesa nuova.

Saint-Charles.

[1] PAGANI, *Pitture e Sculture di Modena.*

[2] GHERARDI, *Pitture della Ducal Galler'a;* JACOPO DELLA PALUDE, *Descriz. de' Quadri del Ducale appartemento di Modena.*

Saint-Augustin des écoles Pies.

Saint-Dominique.

Les Stigmates.

Hôtel-de-Ville. (Peintures du Guerchin.)

Saint-Joseph.

Saint-Vincent.

L'Annonziata.

L'Arsenal. (Salle d'armes.)

L'Esplanade.

Canale Naviglio.

Fontaines minerales.

Cabinets de MM. { Ph. Rangoni.
Bonif. Rangoni.
le comte Fontana.
le comte Stoffa.

Théâtre.

~~~~~~

BOLOGNE.

——

L'Institut. [1] {
Salle de l'Académie.
Bibliothèque.
Observatoire.
Cabinet d'histoire naturelle et de physique
           anciens } instruments.
           nouveaux }
d'antiquités.
de chimie.
de peinture et de sculpture.
Salle de marine.
Galerie des statues.
La Chapelle.

Académie Clémentine.

Tour { degli Asinelli (307 pieds.)
de Garisende.

[1] *Descrizione dell' Istituto di Bologna.*

La Cathédrale.

San-Petronio. { Méridienne de Cassini.
Théâtre d'anatomie.
La Chapelle.

Piazza Maggiore.

Fontaine de Neptune.

Palais public.

Jardin botanique.

Santa-Maria della Vita.

Palazzo del Podestà.

Le Théâtre.

La Monnaie.

Madonna di Galiera. { Sacristie.
Chapelle séparée.

Giesu e Maria.

San-Bartolomeo di Reno.

Mendicanti.

Saint-François.

Saint-Paul.

Corpus Domini.

Sainte-Agnès.

Saint-Dominique. { Peintures.
Tombeau de Saint-Dominique

San-Vitale.

Madonna del Piombo.

L'Oratorio.

I Servi.

San-Giovanni in Monte.

Saint-Roch.

Saint-Grégoire.

San-Benedetto.

Saint-Martin.

Saint-Léonard.

La Carità.

San-Giacomo Maggiore.

Palais
{
Zampieri.
Zambecarri.
Buonfiglioli.
Ranuzi.
Capraia.
Tenaro.
Monti.
Favi.
Magnani.
Aldovrandini.
Grassi.
}

ENVIRONS.

Les Capucins.

San-Michele in Bosco. [1]

Madonna di San-Luca. { Portique.
{ Vierge de S. Luc.

La Chartreuse. Cimetière public. [2]

Palais

Lambertini.
Orsi.
Bentivogli.
Malvezi.
Fantuzzi.
Lignani.
Gessi.
Bargellini.
Pepoli.
Bolognetti.
Marinotti.
Marescalchi.

[1] *Pitture di Bologna.*
[2] SCHIASSI, *Tombeaux, épitaphes.*

FLORENCE. [1]

Santa-Maria di Fiore. [2] { Chœur N. D. de Michel-Ange, évangélistes du Donatello. Devant d'autel de Lorenzo Ghiberti.

La grande Méridienne.
Campanile du Giotto (250 pieds.)
Le Baptistère. [3] Colonne de porphyre avec des chaines.
Porte de bronze.

Places { du Centaure. d'Alexandre.

---

[1] CARLIERI, *Cose notabili di Firenze*; LASTRI, *Osservatore Fiorentino*; — *Guida di Firenze*, *viaggio pittorico della Toscana*.

[2] LAMI, *Chiese Fiorentine*; RICHA, *Chiese*; NELLI, *Santa-Maria del Fiore*; SGRILLI, *Santa-Maria del Fiore*.

[3] GORI, *Insignia baptisteri Florentini*; — *Porte di Lorenzo Ghiberti*.

Palazzo Vecchio.

Piazza del Gran Duca.

La Loggia.

Bibliothèque ⎰ Magliabechi.
⎱ Marucelli (publique.)

Académie de peinture et de sculpture.

Fabrique de mosaïque. Lavoro di Comesso.

Ogni santi ⎰ Borgo.
⎱ Porta al Prato.

Santa-Maria novella. [1]

Saint-Laurent. [2]

Chapelles ⎰ des Médicis. Tombeaux par Michel-Ange.
⎱ en pierres dures. [3]

Bibliotheca Laurentiana. [4]

Collège.

Saint-Marc.

Écuries du grand duc.

Ménagerie.

Jardin botanique.

Musée ⎰ d'histoire naturelle.
⎱ des pièces anatomiques.

[1] *Il Forestiero istruito di Santa-Maria novella;* FINESCHI, *id.*

[2] CIANFOGNI. *Memorie di San-Lorenzo.*

[3] MORENI, *The sontuose Capelle Medicee.*

[4] NELLI, *Descriz. Bibl. Laurent.* — GORI, *Bibliotheca Florentina.*

La Nunziata. { Bibliothèque.
{ Chapelle de l'Académie.

Santa-Maddalena de Pazzi.

Maisons { de Michel-Ange, rue Ghibellina.
{ de Machiavel.

Santa-Croce.

Tombeaux { de Cocchi.
{ de Michel-Ange.
{ de Micheli.
{ de Machiavel.
{ d'Alfieri. [1]

Galerie de Florence. [2]

Cabinets {
1. étrusque.
2. bronzes modernes.
3. bronzes antiques.
4. peintures antiques.
5. Niobé.
6. l'Hermaphrodite.
7. Têtes antiques des grands hommes.
8. } portraits des peintres.
9. }

[1] *Statue di Canova.*

[2] GORI, *Museum Florent.* — *Galerie de Florence.* — ZANNO-
NI, *Galeria Fiorentina.* — *Lareale Galleria di Fir.* — BIAN-
CHI, *Antichità e rarità nella Galleria Fiorentina.* — LANZI,

Cabinets
10. Médailles.
11. Pierres gravées.
12. } tableaux flamands.
13. }
14. estampes et dessins.
15. vases étrusques et romains.
16. tribune et Vénus de Médicis.
17. mignatures.
18. tableaux et statues.
19. statues antiques.
20. médailles modernes.

La Pace.

Via Romana. (Colonnes.)

Le Saint-Esprit. (La Sacristie.)

Les Bernardins.

Palazzo Caponi.

Observatoire.

Université.

Mercato Vecchio.

Orto San-Michele.

Palais { Arnoldi.
        { di Podestà.

Palais Pitti et ses environs.

Galerie de 250 toises qui passe sous le ponte Vecchio.

Reale Galleria di Firenza. — BENCIVENI, *Saggio.* —ORSINI
Azioni e ritratti d' uomini illustri nelle volte della Galleria di Fir.

Palazzo Pitti.
- Salon de Vénus.
- Salon d'Apollon.
- Salon de Mars.
- Salon de Jupiter.
- Salon d'Hercule.
- Madonna della Sedia de Raphaël.

La Bibliothèque.

Jardin de Boboli.
- Statues antiques.
- Pièces anatomiques en cire.

Palais
- Strozzi.
- Corsini.
- Ricardi.

Les Théatins.

Santa-Maria nuova.

San-Pietro Maggiore.

Saint-Philippe de Neri.

Saint-Ambroise.

Théâtre de la Pergola.

Il casino del grand Duca.

Palais
- Altoviti.
- Caponi.
- Coppoli.
- Dini.
- Gaddi.
- Ginori.

Palais
{
Gingui-Gondi.
Grialdi.
Marucelli.
Pandolffini.
Pucci.
Rinuccini.
}

ENVIRONS.[1]
{
Poggio imperiale.
Pratolino. [2]
La Chartreuse.
Ponte del Diavolo.
Monte Forato.
Camaldules. [3]
Fiesole. [4]
Sant-Ansano. [5]
}

[1] MORENI, *Contorni di Firenza.*

[2] CASTELLAN, *Notice sur Pratolino.*

[3] LÉOPOLD, *Notizie storiche.*

[4] BANDINI, *Situazione di Fiesole.*

[5] TRAMONTANI, *Ecclesia e Villa Sant-Ansano.*

~~~~~~

LUCQUES. [1]

———

La Cathédrale.
Santa-Maria Cortelandini.
Madonna dell' Umilità.
Les Dominicains.
Théâtre.
Santa-Maria Foris porta.
Les Olivetains.
San-Frediano.
Palazzo publico.
L'Arsenal.
Loggia di Podestà.
Ancien Amphithéâtre.

[1] *Il Forestiero istruito delle cose di Lucca.*

Cabinets de MM.
- Garzoni.
- Mansi.
- Parrensi.
- Bottigni.
- Bonvizi.
- Tegrini.
- Steph. Conti.
- Giov. Conti.
- Monte Cassini.

ENVIRONS.
- Villa
  - Sentini.
  - Mansi.
- Bains. [1]

[1] MOSCHINI, *Bagni di Lucca.*

PISE. [1]

Duomo. [2] Portes de bronze.
Le Baptistère.
Campo santo. [3]
Tour penchée.
San-Stefano.
Palazzo de Cavallieri.
Saint-Dominique.
Observatoire.
Jardin botanique.
Loggia de' Mercanti.
Casino de Nobili.

[1] TITI, *Guida di Pisa.* — MORRONA, *Pisa Illustrata.* — Des-*crizione di Pisa.*
[2] BORGHI, *Theatrum basil. Pisana.*
[3] BORGHI, *Appendix.* — LASINIO, *Campo-Santo.* — ROSI-NI, *Lettere pittoriche.*

Palazzo del Principe.

Université.

Bains de Pise.

Ferme du grand duc : Chameaux.

~~~~~~

LIVOURNE.

—

Piazza grande.

Il Duomo.

Palazzo del Pincipe.

Piazza di Cosimo II.

Porto Fanale.

L'Arsenal.

Magasins { de sel et de tabac / des huiles.

Le Lazareth.

L'Église des Grecs.

Magasins { de Kenner. / de Micali. / des porcelaines.

Cimetière des Protestants.

Église des Arméniens.

Saint-Jean.

Madonna del Carmine.
Synagogue.
Fabrique de corail.
Le Théâtre.

SIENE. [1]

La Citadelle.

Cathédrale. [2]
{ Pavé en mosaïque.
{ Baptistère.
{ Bibliothèque.

Santa-Maria della Scala.

Palais Savini, place Saint-Jean.

Piazza del Campo.

Le Théâtre.

Palazzo publico.

La Tour (270 pieds.)

Palais { Chigi.
{ Belmonti.

Madonna di Provinzano.

[1] FRATTINI, il Duomo di Siena.

[2] Ristretto della cose notabili di Siena. — FALUSCHI, Brev. relazione.

Saint-Augustin. (Bibliothèque.)

Les Dominicains.

La Sapienza. (Université.)

Bains publics.

Loggia degli Ufficiali (casino.)

Porta Camallia (colonne.)

Santa-Catarina.

Saint-Crucifix.

San-Quirino.

Façade de l'église Saint-Georges.

Fonte Branda.

ROUTE DE SIENNE A ROME.

Acqua pendente (cascade.)

Viterbe. { La Cathédrale et quelques monuments étrusques.
Eaux minérales.

Petit lac d'eau sulfureuse et bouillante.

Ponte Molle. (Saint-André)

~~~~~~

ROME. [1]

———

Saint-Pierre. [2] {
La Place.
L'Obélisque.
La Colonnade.
Le Vestibule.
Charlemagne.
Constantin.
}

La porte de bronze.
La porte sainte.
La donation de Mathilde.
Tableaux en mosaïque.
Fonts baptismaux.

---

[1] NARDINI, *Roma antica ;* VASI, *Indice istorico ;* Id., *Itinerario istruttivo ; le même en français ;* VENUTI, *Roma antica e moderna.*

[2] FERRABOSCHI, *Basilica di San-Pietro.* ROMANI *Basilica Vaticana descriptio;* GIZZI, *Descrizione* CANCELLIERI *Descrizione.*

La statue de Saint-Pierre.

Le Baldaquin. [1]

La confession de Saint-Pierre. [2]

La Crypte. [3]

Peintures antiques.

Tombeaux.

La Tribune.

Chaire de Saint-Pierre.

Tombeaux { des papes. / de la reine Christine.

Chapelles { du Saint-Sacrement. / Clémentine. / Sixtine. / de la Présentation.

Coupole.

Mosaïques.

Sacristie. [1]

Plate-forme.

Boule.

---

[1] GUIDICCIONI, *Ara maxima Vaticana.*

[2] BORGIA, *Vaticana confessio.*

[3] TORRIGIO, *Sacre grotte Vaticane;* DIONYSUS, *Crypta Vaticana.*

[1] CANCELLIERI, *Sagrestia Vaticana.*

VATICAN.

Sala reggia.

Chapelles { Pauline.
Sixtine. { Jugement dernier, par Michel-Ange.
Sibylles.

Stanze di Raffaele.

Salles { des Suisses.
des Apôtres.
de Constantin.
d'Héliodore.
de l'École d'Athènes.
de l'incendie du Borgo.

Salle Clémentine.

Chapelle.

Ovale de Pie VI. (Tableaux.)

Salle du Consistoire. (Plafond du Guide.)

Galerie du Dominicain.

Appartement d'Innocent VIII.

Bibliothèque

Musée Chrétien.

Cabinet { des Papiri.
d'Antiques.

Chapelle de Nicolas V. [1]

Musée Pio-Clementin. [2]

Ire salle. Statues.

IIe salle. { Monuments égyptiens.
{ Balcon du Belvédère. (Vue de Rome.)

IIIe salle. { Portique.
{ Cour des statues antiques, Laocoon, Apol-
{ lon, etc.

Salle des animaux.

Galerie d'Innocent VIII.

Salle des Muses.

La Rotonde. [3]

Vestibule en croix grecque.

Grand corridor du Belvédère.

Musée Chiaramonti. [4]

Le grand Jardin.

La Pigna.

---

[1] GIANGIACOMO, *Pitture di Giov. de Fiesole.*

[2] Ennio Quirino VISCONTI, *Museo Pio-Clementino.* — Filippo VISCONTI, *Notice du Musée.* — VOLPATO, *Vues du Musée Pio-Clémentin.*

[3] MILLIN, *Description d'une mosaïque représentant des scènes tragiques.*

[4] Filippo VISCONTI et GUATTANI, *Museo Chiaramonti.*

Le Jardin secret.

Casino de Pie IV.

Atelier de mosaïque.

QUARTIER DES MONTS. [1]

Colonne Trajane. [2]

Colonne de Phocas. [3]

Sainte-Marie de Lorette.

Palais impérial. Grande et belle Bibliothèque.

Santo-Nome di Maria.

Spirito Santo.

Piazza di Nerva

La Nunziatella.

San-Pantaleo.

Place de Néron.

Torre dé Conti.

Santa-Maria degli Angioli.

Le Mendicante.

Santa-Francesca, ove Santa-Maria nuova.

Arco di Tito. [4]

---

[1] BERNARDINI, *Rioni di Roma*.

[2] CIACCONIO, FABRETTI, VIGNOLA, *Colonna Trajana*.

[3] Filippo VISCONTI, *Colonna di Foca*.

[4] SUAREZ, *Arcus veteres*.

Colosseo. [1]

Saint-Clément. [2]

Sant-Andrea in Portogallo.

Arco di Costantino.

Santa-Maria della Navicella.

Villa Mattei. [3]

San-Stefano rotondo.

L'Hôpital Saint-Sauveur.

Saint-Jean de Latran. { Cloître.
Sacristie.
Obélisque.

In Fonte.

Scala santa.

Porte Saint-Jean.

Sainte-Croix de Jérusalem.

Amphitheatrum castrense.

Minerva medica. (Temple antique.)

PORTE MAJEURE et PORTE SAINT-LAURENT.

Cirque d'Élagabale.

Sant-Elena.

---

[1] FONTANA, *Anfiteatro flavio*; BIANCHI, *Arena dell' anfiteatro.*

[2] Filippo VISCONTI, *Pitture del Masaccio.*

[3] AMADUZZI, *Villa Mattei.*

Saint-Laurent.
Santa-Bibiana.
Saint-Eusèbe.
San-Vito.
Arco di Gallieno.

SAINTE-MARIE MAJEURE.

Santa-Prassede.
San-Pietro in Vincoli, Moïse de Michel-Ange.
Thermes $\begin{cases} \text{de Titus.}^1 \\ \text{de Livie.}^2 \end{cases}$
San-Martino a Monti.
Jardins de Néron.
San-Domenico e Sisto.
Santa-Pudenziana.

MONT QUIRINAL et MONT VIMINAL.

Torre della Milizia.
Santa-Catarina di Siena.
Villa Aldobrandini.
San-Silvestro in Montecavallo.

---

[1] MIRRI, *Camere di Tito;* PONCE, *Bains de Titus.*
[2] *Bagni di Livia;* PONCE, *Bains de Livie.*

Palais
- della Consulta.
- Rospigliosi
  - Bâtiments.
  - Jardins.
  - Peintures.
  - Statues antiques.

Saint-André.

Fontaines.

Saint-Charles.

Palazzo Albani.

San-Norberto.

Thermes de Dioclétien.

Sainte-Marie des Anges. (Méridienne.)

San-Bernardo alli Termini Diocl.

Fontana de i Termini.

Greniers d'abondance.

PORTE PIE.

Sainte-Agnès.

Sainte-Constance.

PORTA SALARA. MONTE CAVALLO.

Villa Albani. [1]

---

[1] Carlo FEA, *Descrizione della villa Albani;* MARINI. *Iscriz;* ZOEGA, *Bassirilievi.*

Villa { Bolognetti.
       Patrozzi.
       Valenti.

Monte Cavallo.

Les deux Groupes.

Palais pontifical. { Galerie.
                    Chapelle.
                    Jardin.

Santa-Croce di Luchési.

RIONE DI TREVI.

San-Vincenzo e Sant-Anastasio.

Palazzo Cavalieri. (Jardins de Lucullus.)

San-Giovani de Maroniti.

Santa-Maria delle Neve.

Santa-Concezione di Capuccini.

Villa Ludovisi. { Antiques.
                  Plafond. (Aurore du Guerchin.)
                  Jardin.
                  Labyrinthe.

Jardins de Salluste.

QUARTIER DES CHARTREUX.

La Vittoria.

Sainte-Suzanne.

Piazza Barberina.

Fontaines { du Triton.
{ des Mouches.

Palais Barberini.

Bibliothèque, Antiques, etc.

PALAIS COLONNE et ENVIRONS.

Palais. (Bibliothèque , Jardins.)

Palazzo Bracciano. (Cabinet de médailles.)

Santi-Apostoli.

Palazzo Muti.

PARTIE MÉRIDIONALE DU COURS, ou VIA LATA.

Academia di Francia.

Palazzo Doria, ou Panfili.

Santa-Maria in Via Lata.

San-Marcello.

PORTA PINCIANA.

Villa Borghèse. { Les monuments ont été vendus au
{ gouvernement françois.

Colonne Antonine. [1]

---

[1] BARTOLI, VIGNOLA, Colonne Antonine.

San-Giuseppe.

La Propaganda.

Palazzo Bernini.

San-Andrea delle Frate.

San-Silvestro in Capite.

Maria Maddalena al Corso.

Palazzo Verospi. { Galerie harmonique.
{ Peintures de l'Albane.

Saint-Claude des Bourguignons.

Palazzo Conti.

Santa-Maria in Trivio.

Palazzo Chigi. { Chapelle.
{ Bibliotheque.

MONTE CITORIO.

Le Panthéon.

  Tombeaux des grands artistes.

Thermes d'Agrippa.

Palazzo della Giustizia.

Obélisque.

Teatro Capranica.

  Piazza di Pietra. (Dogana.)

Seminario Romano.

Piazza Capranica.

Congrégation des Crucifères.

Santa-Trinità.

CHAMP-DE-MARS. [1]

Obélisque.

La Concezzione.

San-Lorenzo in Lucina.

San-Carlo al Corso.

Teatro di Pala Corda.

Mausolée d'Auguste.

Palazzo Ruspoli.

Piazza Navona.

L'escalier qui conduit à la Trinité-du-Mont, sur le monte Pincio.

TRINITÉ-DU-MONT.

Ville { Zaccari.
{ Medici.

Saint-Athanase.

Teatro Aliberti.

Gesu Maria al Corso.

PORTA DEL POPOLO.

Obélisque.

---

[1] PIRANESI, *Campo Martio*; CANCELLIERI, *il Mercato*. In-4°.

Muro Torto.

Villa Giustiniani.

Papa Giulio.

Sant-Andrea nella Via Flaminia.

Ponte Molle.

Madonna del Popolo.

Santa-Maria de' Miracoli.

Monte Santo.

San-Giacomo degl' incurabili.

Santa-Maria della Porta del Paradiso.

San-Girolamo degli Schiavoni.

Porto di Ripetta.

Palazzo Borghese.

Collegio Clementino. { Histoire naturelle, pétrifications.
cabinet d'antiques de Kircher.

Saint-Yves des Bretons.

PONT SAINT-ANGE.

Banco di Spirito.

Strada Giulia.

San-Giovani Batista di Fiorentini.

Palais { Saccheti.
Gabrieli.
Lancelotti.

Teatro della Pace.

Casa Rolandi.

La Pace.

Santa-Maria dell' Anima.

San-Nicolo de' Lorenzi.

Saint-Apollinaire.

Saint-Augustin. (Bibliothéque publique.)

PIAZZA NAVONA.

Campo di Fiore.

Palazzo Pio.

San-Lorenzo in Damazo.

La Cancellaria.

Strada degli Orefici.

Chiesa nuova. Sacristie, plafond de Pierre de Cortone.

Pasquino. [1]

Sainte-Agnès.

Palazzo Santo-Buono.

San-Pantaleo.

La Cucagna.

Palazzo Panfili. (Galerie de Pierre de Cortone.)

Teatro di Granari.

Palazzo de' Massimi.

[1] CANCELLIERI, *Sopra la statua di Pasquino.*

RIONE DELLA REGOLA E PALAZZO FARNESE.

San-Carlo à Catinari.
Santa-Maria in Monticelli.
Santa-Trinità de' Pellegrini.
Fontana di Ponte Sisto.
Palazzo Falconieri.
Carceri nuove.
San-Martino in Monferrato.
San-Girolamo della Carità.
Palazzo Farnese, bâti par Michel-Ange.
Monte di Pietà.
Palais { Picchini.
{ Spada.

QUARTIER SAINT-ANGE.

Sant-Angiolo in Pescheria.
Santa-Catarina de' Funari.
Palazzo Mattei.
Fontaine des Tortues.
Palazzo Costaguti.
Sant-Ambrogio della Massima.
Pescaria. (Portique de Sévère.)
Il Ghetto. (Quartier des Juifs.)

Santa-Maria in Publicolis.

Saint-Valentin.

CAMPO VACCINO. [1]

Ara celi.

Palazzo Caffarelli.

Santa-Maria in Campitelli, ou in Portico.

Piazza Montanara.

La Consolazione.

Santa - Martina.
{
Académie de Saint-Luc.
Salle d'assemblée.
Quatre salles de tableaux.
Tête de Raphaël.
}

Arco di Severo.

Le Mille doré.

Saint-Adrien.

San-Lorenzo in Miranda. (Temple d'Antonin et Faustine.)

San-Cosimo et Damiano.

Tempio della Pace.

---

[1] PIRANESI, *Magnificenze di Roma.*

Le Capitole.

Roche Tarpéienne. [1]

Palais { Senatorio.
{ de' Conservatori.

Marbres capitolins. [2]

La Chapelle.

Le Museum. (Marforio dans la cour.) [3]

Collection des figures égyptiennes.

Salle des Colombes.

Grande salle. { Le Gladiateur.
{ Le Centaure.

Salles {
des Philosophes.
des Empereurs.
d'Hercule.
du Vase antique.
della Loggia.
d'audience.
}

La Galerie des Tableaux. (Salle des élèves.)

---

[1] DUREAU DE LA MALLE, sur la Situation de la Roche Tarpéienne, v. MILLIN, Annales Encyclopédiques, mai 1818.

[2] BOTTARI et FOGGINI, Mus. Capitol.

[3] Ennio-Quirino VISCONTI, Marmi Capitolini.

QUARTIER DELLA PIGNA.

S. Ignazio.
{
Muséum du P. Kircher.
La cour en double portique.
Très belle collection de bronzes anti-
ques. [1]
}

Collège. (La Sapience.)

La Minerva.
{
Sacristie.
Bibliothèque.
Jésus-Christ, de Michel-Ange.
}

Obélisque.

San-Giovani della Pigna.

Palazzo Strozzi.

Sacre Stimmate di San-Francesco.

Il Gesù.

Saint-Marc.

RIONE DI SANT-EUSTACHIO.

Sant-Eustachio.

Palais Giustiniani.
{
Galerie de statues, bas-reliefs, anti-
quités.
Les tableaux ont été vendus dans
Paris. [2]
}

[1] CONTUCCI, *Mus. Kircherianum.*

[2] *Galeria Giustiniani;* F. VISCONTI, *Sculture del palazzo Giustiniani.*

Saint-Louis des Français.

Governo nuovo.

San-Giacomo degli Spagnuoli.

Sant-Andrea della Valle.

Palazzo Valle.

Teatro d'Argentina.

Teatro della Valle.

TRASTEVERE.

Sant-Onofrio. (Tombeau du Tasse.)

Palazzo Salviati.

La Visitation.

Villa Farnese. (Au roi de Naples.)

   Peintures de Raphaël.

   Histoire de Psyché.

   La Galerie.

Palazzo Corsini. { Bibliothèque. / Jardin.

Ponte Sisto, ou Ponte Rotto.

GRAND CIRQUE, et ENVIRONS.

Arco { di Giano. / degli Orefici.

San-Georgio in Velabro.

Fontaine de Saint-Georges.

Cloaca Massima.

Décollation de Saint-Jean-Baptiste.

Sant-Omobuono.

Santa-Galla.

San-Nicolo in Carcere.

Teatro di Marcello.

Palazzo Orsini.

MONT PALATIN.

Villa Farnesiana. { Jardin.
{ Vue du Colisée et de Rome

Villa Spada.

San-Sebastiano alla Polveciera.

Sainte-Marie libératrice.

Colonnes de Jupiter Stator.

Temples { de la Concorde.
{ de Jupiter-Tonnant.

Saint-Anastase.

MONT CELIUS.

Saint-Jean porte Latine.

San-Giovani in Oleo.

Saint-Césaire.

Santi-Nereo e Achilleo.

Termini di Caracalla.

Santa-Balbina.

Saint-Saba.

Santa-Prisca.

Saint-Grégoire-le-Grand

Pyramide de Cestius et Porte Saint-Paul.

San-Paolo fuori Mura.

San-Vincenzo ed Anastasio.

Scala del Cielo.

Saint-Sébastien.

Circo di Caracalla.

Capo di Bove. (Torre di Metella.)

Sant-Urbano alla Caffarella.

Santa-Maria delle Palme.

Porta San-Sebastiano.

Arco di Druso.

Quartier de Ripa,

Ile du Tibre.

San-Bartolommeo.

Ponte { Sisto.
Rotto.

Sainte-Marie égyptienne.

Madonna del Sole. (Temple antique.)

Jardin de la maison Cenci.

Santa-Maria in Cosmedin.
Santa-Sabina.
Saint-Alexis.
Le Prieuré.
Monte Testaccio.

RIPA GRANDE.

San-Crisogono.
Santa-Cecilia.
Maria dell'Orto.
Saint-Michel.
Santa-Maria di buon Viaggio.

PORTA PORTESE.

San-Francesco a Ripa.
Santa-Maria.
Piazza Trastevere.
Santa-Maria della Scala.

SAN-PIETRO IN MONTORIO.

San-Pietro. (Cloître.)
Temple rond bâti par le Bramante.
Théâtre des Arcades.

Aqua Paola.

Jardin botanique.

Porte Saint-Pancrace.

Saint-Pancrace.

Villa Corsini.

Villa Panfili. { Jardin secret.
{ Statues antiques.

RIONE DI BORGO.

Borgo San-Spirito.

San-Spirito.

Santa-Anna in borgo Pio.

Zecca Pontificia. (La Monnaie.)

Ville { Madama.
{ Millini.
{ Sacchetti.

QUARTIER DU VATICAN.

Pont et Château Saint-Ange

Santa-Maria Traspontina.

Saint-Angelo di borgo Pio.

Teatro di Tordinone.

San-Giacomo.

Palazzo Giraud.

Collége des Pénitenciers de Saint-Pierre.

Santa-Maria della Carità in Campo Santo.
L'Inquisition
Villa Barberini.

~~~~~~

ENVIRONS DE ROME. [1]

FRASCATI.

Ville
{
Aldobrandini. { Jardin.
Grotte.
Ludovisi.
Borghèse.
Bracciano.
Scarcelli.
Rospigliosi.
Conti.
Spada. (Belles peintures.)
Pallavicini.
}

[1] CORRADINO, *Latium*; BONSTETTEN, *Voyage dans le La-tium*; SICKLER, *Campagne de Rome.*

Les Capucins.

Ruines de Tusculum. { Grotte de Cicéron.
{ Restes d'amphithéâtre.

Camaldules.
Grotta Ferrata. (A une lieue de Frascati.)
La Solfatare.
Bagni della Regina.
Torre Lucana.

TIVOLI. [1]

Le Temple de la Sibylle.
La Cascade.
Maison de Mécène.

Ville { Estense.
{ Adriana. [2]

PALESTRINA. [3]

Le Temple de la Fortune.
Mosaïques.

---

[1] MANAZZALE, *Viaggio a Tivoli*; LANDUCCI, *Voyage à Tivoli*; VOLPI, *Epistolæ Tibartinæ*; CABRAL, *Ville di Tivoli*.

[2] CONTINI, *Villa Adriana*.

[3] PETRINI, *Memorie Prenestine*; CECCONI, *Storia di Palestrina*.

ALBANO. [1]

Maison des Capucins.

Jardins Barberini.

Tombeaux $\begin{cases} \text{d'Ascagne.} \\ \text{des Horaces.} \end{cases}$

Ville $\begin{cases} \text{Panfili.} \\ \text{Lercari.} \\ \text{Corsini.} \end{cases}$

Amphithéâtre et conserve d'eau, au jardin de Saint-Paul.

MARIÑO.

Saint-Barnabas.

La Trinité.

CASTEL-GANDOLFO. [2]

Lago Castello.

Villa Barberini.

L'Église.

Villa Cibo.

---

[1] PIRANESI, *Antichità d'Albano.*

[2] PIRANESI, *Lago Albano;* Id., *Due Spelunche;* CANCELLIERI, *Sopra il Tarantismo,* etc ; *Notizie di Castel-Gandolfo.*

LA RICCIA. [1]

Palazzo Chigi.
Deux belles Fontaines sur la place.
L'Église.

CIVITTA VECCHIA. [2]

Arsenal.
Saint-François.
Les Carmes.
Le Palais du Gouverneur.
Grotte des Serpents.

CORNETO.

Tombeau des Tarquins.
Église.
Le Baptistère.

OSTIA. [3]

Ancien port de Trajan.
Colonnes antiques.

[1] VINCITOSSICO, *Memorie dell' Ariccia;* LUCIDI, id.
[2] FRANGIPANI, *Civita Vecchia.*
[3] Carlo FEA, *Viaggio a Ostia.*

ROUTE

DE ROME A NAPLES.

—

VELLETRI.

Palais Albani.
Statue d'Urbain VIII.
Palais { Ginetti.
{ della Corte.

CORI. [1]

Temple d'Hercule.

Restes curieux d'antiquités. { Sermonetta.
{ Ruines.

---

[1] PIRANESI, *Antichita di Cora.*

MARAIS PONTINS. [1]

Antium.

TERRACINE. [2]

Église.
Restes du port.
Via Appia. [3]

ITRI.

Tombeau de Cicéron.
Mola di Gaëta.
Castellone.
Ruines au bord de la mer.
Tour.

GAETE.

Torre d' Orlando.
La Cathédrale.
La Trinità. (Rocher fendu.)
Les Récollets.

---

[1] *Lettere Pontine.*
[2] CONTATORI, *Stor. di Terracina.*
[3] PRATILLI GESUALDO, *Via Appia.*

CAPOUE.

Sainte-Marie.
L'Archevêché.
Palais {
    Azzia.
    Guignano.
    Lanza.
Le Gouvernement.
San-Gaétano.
Palazzo publico.
Fontaine remarquable.
Gesu grande.
La Catédrale.
L'Annonciade.
Ancien Amphithéâtre.

AVERSA.

Annunziata.

NAPLES. [1]

Palais royal.
Théâtre royal.
Manufacture de Porcelaine.
Il Gigante.
L'Arsenal.
Castel nuovo.
Arc de triomphe d'Alphonse.
Salle d'armes.
Sainte-Barbe.
Bastion du château neuf.
Largo di Castello.
L'Incoronata.
Fontana di Medina.

[1] ENGENIO, *Napoli Sacra;* SARNELLI, CARLETTI, CESTA-
RI, CELANO, SIGISMUNDO, VASI, ROMANELLI, *Guide e Descrizioni;* RERFUSS, *Gemachlde von Neapel,* etc.

San-Luigi di Palazzo.

San-Spirito à Palazzo.

San-Francesco Saverio.

Rue de Tolède.

Largo di San-Spirito.

Spirito-Santo.

Saint-Jean des Florentins.

Teatro de' Firentini.

Monte Calvario.

Madonna de' sette Dolori.

Le Gesù.

Santa-Maria d' Ogni bene.

Santa-Trinità del Monte-Cremo.

Teatri { san Carlino.
      { del Fondo.

La Croce.

Santa-Maria della Solitaria.

Pizzo Falcone.

Grotta di Funiajoli.

Sant-Orsola Benincasa.

Palazzo Francavilla.

Santa-Brigita.

Saint-Jacques des Espagnols.

Tombeau de Pierre de Tolède.

Château de l'OEuf.

Quai Sainte-Lucie.

Eau minérale.

Chiaia.

Sainte-Thérèse des Carmes déchaussés.

Ascensione de' Celestini.

Santa-Maria di Piedigrotta.

Maison de la reine Jeanne.

Saint-Dominique. { Église.
{ Sacristie.

Sant-Angelo.

Palazzo San-Severo. (Statues.)

Santa-Maria Maggiore.

San-Giovani Evangelista del Pontano.

San-Paolo al Mercato Vecchio.

Saint Laurent.

Hôtel-de-Ville.

Anticaglie.

San-Filippo Neri.

Il Carmine. { Statue de la reine Marguerite.
{ Crucifix miraculeux.

Il Mercato.

Marina di Loretto.

La Cavaleria.

Pont de la Madeleine.

Le Conservatoire.

Borgo Sant-Antonio.

Sant-Efremo. (Capucins.)

Il Seraglio.

Grotta degli Sportiglioni.

Santa-Maria del Pianto.

Monte della Misericordia.

Cathédrale.
{
Souterrain.
Cent dix colonnes de granite.
Trésor
Sang de Saint-Janvier.
Chapelle de Minutoli.
}

Sainte-Restitute.

San-Giovani in Fonte.

Santi-Apostoli.

San - Giovani Carbonara.
{
Tombeau de Ladislas.
Tombeaux des Caraccioli.
}

La Vicaria.

L'Annonziata.

Château Saint-Ange.

Chartreux.
{
Saint-Martin.
Sacristie.
Plafond de l'Espagnolet.
Salle du Chapitre.
Tableaux de Lanfranc.
}

Chartreux. {
Cloître, colonnes, bustes.
Bibliothéque.
Apothicairerie.
Jardins.
Belvédère.
}

Montagne du Pausilippe.
San-Genarello.
Belvédère de Caraffa.
Camaldules.
Catacombes.
Hospice de Saint-Janvier.
Mater Dei, nel Borgo.
Università.
La Verità.
Santa-Teresa de' Scalzi.
Sant-Efremo.
Il Sacramento.
San-Dominico.
Bibliothèque Tarsia. (Collection de tableaux.)

Musée Bourbon. {
Bibliothèque.
Cabinet d'histoire naturelle.
Collection de tableaux.
Statues et bas-reliefs.
Vases peints.
Antiquités d'Herculanum.
}

6

Musée Bourbon.
{
Antiquités de Pompeï.
Papiri. [1]
Machine à dérouler.
Inscriptions.
}

Gesu nuovo.

Place.

Aiguille.

Santa-Chiara.

Tombeaux
{
de Robert.
des princes de la maison d'Anjou.
}

Gesu Vecchio.

Monte di Pietà.

San-Giovanni Maggiore.

Palazzo Filomarina.

Pietà de Turchini.

La Dogana.

Saint-Jacques des Italiens.

Sant-Onofrio

Saint-Pierre martyr.

Zoccolanti.

Palazzo Orsini.

Monte Oliveto.
{
Bibliothèque.
Apothicairerie.
}

[1] *Papiri d'Ercolano*, 2 vol.

Palazzo Matalone.

ENVIRONS.
{
/ Grotte de Pouzzol.

Tombeau de Virgile.

S.-Maria del Parto. Tombeau de Sannazar.

Ruines antiques. [1]

Stuffa di San-Germano.

Grotte du chien.

La Solfatara.

Amphithéâtre antique.

Le Vésuve.

Herculanum.

Pompei. [2]

Stabia.

Portici.

Castello.
{
Chambre de porcelaine.

Pavé de mosaïque.

Peinture, Galerie.

Jardins.
}

Cabinet de Portici..
{
Escalier

Statues antiques.

Mosaïque.
}

[1] BULIFON, SARNELLI, *Paolo;* NICOLAS, *Ancora;* SORIO, *Descrizioni et Guide.*

[2] VENUTI, ROMANELLI, MAZOI, *Descrizioni;* GELL, *Pompeiana.* — *Antichità di Ercolano.*

Caserte. (A cinq lieues au nord de Naples.)

Superbe portique.

L'Aqueduc.

Pouzzoles.

ENVIRONS.

Cathédrale.

Temples { de Jupiter-Serapis.
{ de Neptune.

Ponte di Caligola.

L'Amphithéâtre.

Le Labyrinthe.

Tombeau d'Agrippine.

Piscina mirabile.

Misène.

Cumes. (Grotte de la Sibylle.)

ROUTE

DE NAPLES A ROME,

PAR LE MONT CASSIN.

SAN-GERMANO.

Abbaye.

CASINO.

Il Crucifisso.
Chapelle grecque.
Amphithéâtre.
Autres restes.

MONT CASSIN.

Abbaye de Saint-Benoit. [1]

Église et Sacristie.

VALMONTE.

Église et Château.

TERNI. [2]

Cascade. [3]

Jardin de l'Évéché. (Antiquités.)

San-Salvadore.

Cordeliers.

Il Duomo. (Sang de Jésus-Christ.)

FOLIGNO.

Alle Vene. (Temple antique.)

Le Couvent. (Tableau de Raphaël.)

La Cathédrale.

Saint-Augustin.

Palazzo Barnabò.

---

[1] *Descrizione del Monastero di Monte Casino e dell' antica città di Casino di San-Germano.* Napoli, 1751. In-4°.

[2] MAGALOTTI, *Terni*, 1795. In-4°; CARRARA, *Caduta del velino*, 1779. In-fol.

[3] COLTELLINI, *Ragionamenti.*

SPOLETTE.

Cathédrale en marbre.
Saint-Philippe de Neri.
Saint-Pierre. (Fuori mura.)
Saint-Grégoire.
Notre-Dame de Lorette.
San-Salvadore.
Le Crucifix.
Saint-André. (Temple de Jupiter.)

Palais
- Caligola.
- Loti.
- Ancarani.
- Pansiani.
- Mauri.
- Benedetti.
- Spada.
- Fiorentillo.
- Campanelli.
- Alberini. (Ancien tableau de Raphaël.)

Aqueduc de trois cents pieds de hauteur.

ASSISE. [1]

Sacro Convento.

Monuments de la renaissance de la peinture.

Santa-Maria di Minerva.

Temple antique.

Congrégation de l'Oratoire.

Chiesa nuova.

Sainte-Claire.

La Cathédrale.

Saint-Antoine. (Restes d'antiquités.)

Palais { Mattei. Sperelli. Vallemani. }

Théâtre à l'Hôtel-de-Ville.

La Portioncule.

[1] COSTANZO, *Descrizione di Assisi.*

PEROUSE. [1]

Piazza Grimana.
Torre di San-Manno. [2]
Arc étrusque. [3]
Sant-Angelo.
Temple antique.
Cathédrale. [4]
Anneau de mariage de la Vierge.
Saint-Augustin.
Saint-François. [5]

---

[1] MARIOTTI, *Lettere Perugine;* PASCALI, *Pittori, scultori, architetti Perugini.*

[2] COLTELLINI, *Congetture*, 1796. In-8°.

[3] ORSINI, *Arco etrusco*, 1807. In-8°.

[4] GALASSI, *San-Lorenzo cattedrale di Perugia*, 1776. In-12.

[5] MODESTINI, *Descrizione*, 1787. In-4°. — *Descrizione d'un Religioso*, 1787. In-8°.

Chiesa nuova dei Filipini.

Saint-Dominique. [1]

San-Pietro. [2]

Piazza delli Studj di Dottori.

Olivetains.

Sainte-Lucie.

Palais
- Amidei.
- Antinori.
- Domini.
- Monaldi.
- Césarei.
- public.

Il Cambio. (Portrait du Perugin. [3])

Collegio.

Musée. [4]

Piazza grande.

---

[1] BOADINI, *Descrizione*, 1778. In-8°.

[2] GALASSI, *Descrizione delle figure di San-Pietro*.

[3] ORSINI, *Vita di pietro Perugino*. 1804. In-8°.

[4] Plusieurs écrits de M. VERMIGLIOLI sur les curiosités de ce Musée.

PESARO.

Piazza grande.

Sant-Antonio.

Le Gesù.

Sant-Andrea.

La Cathédrale.

Saint-François.

Saint-Jean della Genga.

Capucins.

Saint-Charles.

La Miséricorde.

La Magdeleine.

L'Hôpital.

Palazzo Antico.

[1] OLIVIERI, *Notizie*; *Marmora*; GIORDANI, *Antichità Cristiane*; PASSERI, *Fossili*.

~~~~~~

RIMINI.

———

Arc de triomphe.
Pont des Romains.
Piazza { Sant-Antonio.
{ de' signori Consoli.
Palais { Garampi.
{ della Città.
{ del Gubernatore.
Teatro.
Magazzini.
Poissonnerie.
Palazzo Gambalonga. (Bibliothèque publique.)
San-Francesco.
Les Servites.
Les Augustins.
Le Séminaire.

Capucins. (Restes d'amphithéâtre.)
Place des Consuls.
La Cathédrale.
Faubourg :
      Les Bénédictins.

———

RAVENNE. [1]

Saint-Apollinaire.

La Cathédrale. { Sacristie.
{ Baptistère.

Deux tours penchées.

La Place.

San-Vitale.

Belles colonnes.

Saint-Romuald.

Bibliothèque

Santa-Maria di Porto.

La Rotonda. [2]

---

[1] FABRI, *Memorie di Ravenna*, 1664. In-4°; BELTRAMO, *Forestiere istruito delle cose di Ravenna*, 1783. in-8°; ZIRARDINI, *Edifici di Ravenna*.

[2] GAMBA, GHISELLI, *Sopra la Rotonda.*

Tombeau de Théodoric.

Palais { Rusponi
       { Spreti.

Tombeau du Dante. [1]

---

[1] Id., *Mausoleo di Dante.* In-fol.

~~~~~~~~~~~~~~~~~~~~~~~~~~~~~~~~~~~~~~~

FAENZA et CENTO.

—

FAENZA.

Place. { Portiques.
{ Galeries.
{ Horloge.

CENTO.

Séminaire.
Le Rosario.
Sainte Magdeleine.
Nome di Dio.
Il Duomo.
Saint-Pierre.
Palazzo Ciarelli.

FORLI.

La Cathédrale.
San-Mercuriale.
Servites.
Sant-Antonio.
Gli Filippini.
Dominicains.
Religieuses Saint-Dominique.
Oratoire Saint-Joseph.
Saint-Jérôme.
Capucins.

Palais
{
public.
Tartagni.
Merlini.
Moratini.
Albicini.
du comte Merenda. (Beau cabinet.)
}

7

Carmes.

Madonna de' Fiori.

L'arc du pont.

Piazza Fiorelli.

FERRARE. [1]

Castello.

Peintures à fresque.

La Cathédrale. [2]

Il Gesu.

Santa-Maria in Vado.

Chartreuse.

Saint-George.

Saint-Augustin.

Saint-Benoit. (Tombeau d'Arioste.)

Palazzo publico. (Bibliothèque.)

[1] FRIZI, *Guida del Forestiere*, 1787. In-11: BAROTTI, *Scolture*, 1770. In-8° ; CITTADELLA , *Pittori Ferraresi*, 1782. 4 vol. in-12.

[2] COATTI, *Chiese di Ferrara*, 1773. In-8°.

~~~~~~

VENISE. [1]

Saint-Marc et Palais Ducal.
Église Saint-Marc. [2]
Le Trésor.
Chevaux antiques. [3]
Palais Ducal. (Quatre salles de tableaux.)
Collège des Magistrats.
Pregadi.
Chiezetta del Collegio.
Consiglio di Dieci.
Sala della Boussola.
Cavi del Consiglio.

---

[1] SANSOVINO, ALBRIZZI, BOSCHINI, ZANETTI, MOSCHINI, *Guide Descrizzioni;* CORNER, *Chiese;* — *Basilica Ducale.*

[2] SEITZ. V. MILLIN, *Magazin Encyclopédique,* 1806; SCHLE-GEL, CICOGNARA; v. MILLIN, *Annales Encyclopédiques,* 1817.

Sale { del gran Consiglio.
     { della Scrutina.

Peintures.

QUARTIER SAINT-MARC.

San Zacaria.

La Pietà.

Il Sepolcro.

Palais { Cornaro.
       { Mocenigo.
       { Grassi.
       { Pisani.
       { Grimani.

San-Stefano.

Scuola di San-Fantino.

San-Salvador

Ponte Rialto.

PLACE SAINT-MARC et ENVIRONS.

Piazza è Piazzetta.

Le Broglio

Colonnes.

La Zecca.

Procuratie { vecchie.
           { nuove.

San-Geminiano.

Campanille.

ARSENAL et ENVIRONS.

Lions d'Athènes. [1]

Le Tana. (Corderie.)

La Fonderie.

Magasins.

San-Pietro.

La Vergine.

San-Giuseppe.

IL CANAREGGIO.

Santa-Sofia.

Santa-Catarina.

I Gesuiti.

I Mendicanti.

Madonna del Orto.

Scuola de' Mercanti.

I Servi.

San-Giobbe.

Il Ghetto. (Synagogue.)

Casa Savorgnani.

[1] VILLOISON. V. MILLIN, *Magasin Encyclopédique*; LOUIS BOSSI, *Lettre*, Turin, 1805. In-8°.

I Scalzi.

Santa-Maria Mater Domini.

Palazzo Rezzonico.

La Carità.

Scuola grande.

QUARTIER ENTRE LE RIALTO et L'ARSENAL.

I Miracoli.

Place Saint-Jean.

Statue équestre de Colleoni.

San-Giovane Paolo.

Mausolée du Titien.

Chapelle du Rosaire.

Bel escalier.

Scuola di San-Marco.

San-Francesco della Vigna.

QUARTIER SAINT-PAUL.

Saint-Paul.

San-Giacomo.

I Tolentini.

San-Cassan.

Scuola di San-Rocco.

Sala dell' Albergo.

Palazzo Barbarigo.

Isola San-Giorgio et la Zuecca.

La Salute.

L'Umiltà.

Dogana di Mare.

Colonnade.

San-Georgio Maggiore

Cloître.

La Zecca.

Il Redemtore.

I Gesuiti.

Saint-Bastien.

Tombeau de Paul Véronèse.

Santa-Maria Maggiore.

Santo-Nicoletto.

Saint-Pantaléon.

Corpus Domini.

Giudeca.

Théâtres
- San-Benedetto.
- San-Samuele.
- San-Cassano.
- Saint-Moyse. } Opéra.
- San-Luca.
- Sant-Angelo.
- Saint-Chrisostôme. } Comédie.

ROUTE

DE VENISE A PADOUE.

———

LA BRENTA.

A une mille du canal, les premières écluses.
A trois milles, le palais Foscari.

MIRA.

Casa Dolfin.

DOLO.

Casa Tiepolo.

STRA.

Belle maison Pisani.
Statues, Jardin, Eaux, Terrasses, etc.

MORENTA.

Palazzo Truanelli.

~~~~~~~~~~~~~~~~~~~~~~~~~~~~~~~~~~~~

VICENCE. [1]

Théâtre Olympique. [2]
Piazza dell' Isola.

Palais. [3]
{
della Ragion. [4]
del Capitano.
hiericati.
Trinemori.
Valmazan.
Trison.
Trissino di Ponte.
Furo.
Orazio Porto.
}

[1] VENDRAMINI, MOSCA, *Descrizioni.*
[2] MONTENARI, *Teatro Olimpico.*
[3] PALLADIO, *Opere.*
[4] ARNOLDI, *Basilica di Vicenza.*

Palais
{
Conte Schio.
Palladio.
Orazio Trento.
Trissino Baston.
Tiene del Castello.
Giulio Porto.
}

La Cathédrale.

La Corona.

Saint-Laurent.

Saint-Roch.

Saint-Michel.

ENVIRONS.
{
Le Champ-de-Mars.
L'Arc de triomphe.
Jardin Valmazana.
La Rotonde du marquis Capra.
Arc de Palladio.
Serviti.
Madonna del Monte. [1]
}

[1] DISCONZI, *Madonna del Monte*, 1800. In 4°.

PADOUE. [1]

Porte { del Portello.
       { di San-Giovani.
       { Savonarola.

La Cathédrale. (Baptistère.)

Il Santo.

Scuola del Santo.

Santa-Giustina.

Saint-Augustin.

Santa-Annunziata nell' Arena.

Cà di Dio.

Scuola del Carmine.

Santa-Croce.

San-Gaetano.

Beata Elena.

[1] ROSSETTI, *Forestiere illuminato.* — *Le Cose piu notabili.* 1791. In-8°; BRANDOLESE, *Pitture di Padova*, 1795. In-8°.

Eremitani.

La Maddalena.

San-Michele.

Le Séminaire. (Bibliothèque.)

Il Salone.

Palazzo del Podestà.

Tour inclinée.

Palazzo del Capitano. (Bibliothèque.)

Loggia

Université. $\begin{cases} \text{Cabinet de physique.} \\ \text{Histoire naturelle.} \\ \text{Jardin botanique.} \end{cases}$

Le grand Théâtre.

VÉRONE.[1]

San-Zenone.

Grotte de Saint-Jean in Valle.

Saint-Procule.

Saint-Bernardino.

Salle du conseil de ville.

La Fiera.

La Dogana.

Palais
- Canossa.
- Bevilaqua. { Statues antiques. / Tableaux.
- Verzi.
- Pompeï.
- Pelegrini.

[1] VALERINI, *Bellezze di Verona*, 1586. In-8°. — *Notizie delle cose piu notabili*, 1795. In-12. MAFFEI, *Verona illustrata*. Id. *ridotta per* ROMANELLI.

Casa Serpini.

Palazzo Gerardini.

Galerie Muselli.

Piazza dell' Erbe.

Le Boccare.

Ponte di Castel-Vecchio.

Amphithéâtre.

Piazza della Bra.

Musée. [1]

Casino.

Teatri { Filarmonico.
{ dell' Academia Vecchia.

Arco di Gavii.

Porta { de' Borsari.
{ di Leone.

Il Duomo.

Saint-Georges.

Capuccini.

San-Firmo.

Santa-Maria antica.

---

[1] MAFFEI, *Museum Veronense.*

MANTOUE.

Porte { Cerese.
      { San-Giorgio.

Il Duomo. { Tombeau de Mantegna.
           { Précieux Sang.
           { Corps de Longin.

Sainte-Agnès.

Saint-André.

Dominicains.

Théatines.

Sainte-Ursule.

La Trinité.

Collegio.

Sainte-Thérèse.

Les quarante Heures.

Saint-Sébastien.

Oratoriens (Della Vittoria.)

Palais Ducal. (Sala di Troja.)

Théâtre.

Musée. [1]

Palais {
della Giustizia.
Valenti.
Sordi.
Colloredo.
Mantelli.
Canossa.
Arrivabene.
del TE. [2]

ENVIRONS {
Pierole (ancien Andès) patrie de Virgile.
S. Benedeto di Poliron, abb.; tombeau de la reine Mathilde.
La Fossa Maestra.
Borgo-Forte.
Governolo.
Le Mincio, au débouché des marais.
Guastalla (vict. des François sur le Pô, 1734.)

[1] *Reale galleria di Mantua*, 1790. In-8°.
[2] VOLTA, *Palazzo del TE*, 1783. In-8°.

~~~~~~~~~~~~~~~~~~~~~~~~~~~~~~~~~~~~~

BRESCIA. [1]

Sant'-Agata.
Miracoli.
Casa Aricci.
Saint-Nazaire.
Palazzo Fé.
Gli Angioli.
Pescarie.
Corso Paroletti.
Teatro.
Saint-Dominique.
Saint Laurent.
Caza { Barbizoni.
       { Suardi.

[1] ZAMBONI, *Fabriche di Brescia;* AVEROLLO, *Pitture di Brescia,* 1700. In-4°; CHIZZOLA, id., 1760. In-8°.

Saint-Clément.

Sainte-Euphémie.

Théatins.

Sant'-Afra. (Tableaux du Titien et de Paul Véronèse.)

San-Pietro.

Musée du comte Mazzuchelli.

Porta della Città.

Il Duomo.

Crocette.

La Rotonde. (Sainte-Marie Majeure.)

Palazzo publico.

L'Évéché.

Bibliothèque.

La Carità.

San-Zeno.

Casa Gambara.

Santa-Giulia.

Piazza grande.

Monte di Pietà.

San-Faustino.

Le Grazie.

Palazzo Avogardo.

~~~~~~

BERGAME.[1]

Il Duomo.
Saint-André.
San-Francesco.
San-Gotardo.
Célestins.
Augustins. (Tombeau de Calpio.)
Musée.

Palais
- Terzi.
- Brimboli.
- Caleppio.
- Spini.
- Sozzi.
- Moroni.
- Bresciani.
- Fugazi.
- Abati.

---

[1] BARTOLI, *Pitture di Bergamo*, 1774. In-12; PASTA, id.,
1775. In-4°; MILLIN, *Voyage dans l'État Vénitien.*

Teatro.

La Fiera.

Fortifications

Promenades hors la ville.

Palais { Vecchio.
        Nuovo.
        del Podestà.

Cathédrale.

Sainte-Marie Majeure.

Saint-Esprit.

Saint-Barthélemi.

Saint-Alexandre. { Baptistère.
                   Tombeau de Colleoni.

Santa-Grata.

Santa-Marta.

San-Leonardo.

NICE. [1]

Faubourg { Saint-Jean.
{ de la Poudrière.
{ de la Croix de marbre.

Hôtel de Ville.
Théâtre.
Sainte-Réparate.
La Ville neuve.
Belle terrasse.
Cimiez. [2]
Antiquités.

[1] MILLIN, *Voyage au Midi de la France.*
[2] Idem.

ROUTE

DE NICE A GÊNES,

PAR TERRE.

Monaco.

Vintimiglia.

San-Remo.
{
Duomo.
San-Ciro.
Capucins.
Augustins.
Récollets.
Missionnaires.
Oratoire.
Collège.
Madonna della Costa.
}

Sestri.

Port Maurice.

Oneille.

Alas.

Albinga.

Louvano.

Finale. (Cathédrale.)

Savone. (Cathédrale.)

SUPPLÉMENT.

MACERATA. [1]

Porte antique. (Porte Pie.)
Le Vergine. (du Bramante.)

[1] OLIVIERI, *Description.* GIEGLER, *Manuel.*

~~~~~~

LORETTE. [1]

La piazza del Bramanta.

Église,
ou la maison
de
Notre-Dame.
{
La Santa-Casa.
Sacristie.
Le Trésor.
L'Arsenal.
Les Caves.
L'Apothicairerie.
}

La Campanile. (Clocher, par Vanvitelli.)

[1] LANGLOIS. OLIVIERI, *Description.*

OSIMO.

Palais épiscopal.
Baptistère de bronze.
Il Duomo Albane.
Dominicains. (Peintures du Guerchin.)
Galerie du comte Galli.

Palazzo ⎰ publico.
⎱ campana.

ANCONE.[1]

Cathédrale. Saint-Cyriaque.

Loggia di Mercanti. (Bourse.)

Saint-Dominique.

San-Francesco della Scala.

Saint-Palatin.

Saint-Nicolas. (Carlo Marato.)

Observantins.

Saint-Augustin. (Tableau du Titien.)

L'Annunziade. (Tableau du Titien.)

Le Gésu. (Fort.)

Le Sacramento.

Palazzo della Communita. (Belle salle.)

Arc de Trajan.

Arc de Clément XII.

Statue.

Le Lazaret.

La Synagogue.

La Fontaine de Neptune.

La Citadelle.

[1] GIEGLER, *Manuel.* LANGLOIS.

SINIGAGLIA. [1]

(*Seno-Gallia.*)

Foire célèbre.
Cathédrale Saint-Martin.
La Monnoie.

[1] OLIVIERI, *Description.* GIEGLER, *Manuel.*

FANO.[1]

(*Fanum-Fortunæ.*)

La Cathédrale.
Saint-Pierre des Philippins.
Bibliothèque.
Théâtre. (16 coulisses.)
Il Duomo.
La Cascade du port.
Arc de Constantin.
Les Chevaux marins.

OLIVIERI, *Description.* GIEGLER, *Manuel.* POTTEY, 1813

CORTONNE.

Cathédrale. (Tombeau de Flaminius.)
Santa-Maria la Nuova.
Cordeliers.
Saint-Antoine.
Sainte-Marguerite.
Saint-Dominique.
Saint-Augustin.
Saint-Benoît.
Saint-Philippe.
Bénédictins. (Tableau du Perugino.)
Trinité.
Saint-Michel. (Tableau d'Andreo del Sarto.)
Saint-Claire.
Saint André.
Buon Gesu.

Pénitents bleus. (Tableau d'Andrea del Sarto.)

————— rouges. (Tableau de Michel-Ange.)

Saint-Jean-Baptiste.

Madonna del Spirito Santo.

Palazzo del governo.

Salle de l'Académie.

Teatro nuovo.

Palazzo publico.

————— Thomazzi. (Galerie.)

Galeria del publico : (peintures et antiquités étrusques.)

Cabinets
{
du ch. Galeotto Ridolfini.
du ch. Corazzi, un des plus beaux de l'Italie.
du docteur Coltelini. (Histoire naturelle.)
}

~~~~~~

AREZZO. [1]

(Patrie de Guido, inventeur des notes de la musique.)

———

La Cathédrale.

Le Loggie.

La Dogana.

Theatro.

La Pieve.

A l'abbaye du Mont-Cassin, grand tableau de Vasari.

Saint-Bacci, cabinet d'antiques.

Bernardins. Amphithéâtre.

Sainte-Marie des Graces.

[1] OLIVIERI, *Description*. REICHARD, *Guide*.

ITINÉRAIRES.

I.

ITINÉRAIRE

En entrant par le Simplon ou le Mont-Cenis, et suivant les côtes de la Mediterranée, en terminant si l'on veut a Venise. (a)

	Pages.	Lieues de France.(b)
1º Par le Mont-Cénis.		
Paris à Chambéry..................	1	146
à Turin	3	58
		204

(a) Les distances comptées d'après les lieues indiquées sur la grande carte de France 1812.

(b) De 2000 toises

	Pag.	Lieues de France.
Détour, si on ne doit pas revenir par Milan..................		}130
à Milan, 42 l. et retour....	9	84
Détour à Como, 12 l. et retour......	17	24
à Pavie, 11 l. et retour......	15	22

2° Par le Simplon.

Si on ne doit pas revenir par Milan, il est préférable de prendre cette route et de se rendre directement.

de Paris à Milan..................	9	212	}300
Détour à Como, 12 l. et retour......	17	24	
à Pavie, 11 l. et retour, 11..	15	22	
Turin..........................	3	42	

Nota. On laisseroit Chambéry.

Coni...........................	6	18
Nice...........................	118	30
Route de Nice à Gênes.............	120	70

418

	Pages.	Licues.
D'autre part........		418
Gênes	7	
Lucques	38	52
Pise........................	40	6
Livourne....................	42	6
Florence	32	22
Détour, Sienc, 18 l., et retour, 18....	44	36
Arezzo.......................	129	18
Cortonne.....................	127	9
Pérouse......................	89	14
Assise	88	4
Foligno	86	3
Spolette......................	87	7
Rome........................	46	32
Environs de Rome...............	70	
Route de Rome à Naples..........	74	68
Naples.......................	77	
Route de Naples à Rome par le Mont-Cassin *a*)....................	85	68
Macerata.....................	121	26
Lorette......................	122	10
Osimo	123	4
		———
(*a*) Il faut compter 8 licues de plus.		803

	Pages.	Lieues.
D'autre part		1092
Vérone	110	15
Brescia	114	22
Bergame	116	18
		1147

~~~~~~

II.

ITINÉRAIRE (*Abrégé*)

En entrant par le Simplon, et suivant les côtes de l'Adriatique, avec indication seulement des principales villes et des distances.

———

	Pages.	Lieues moyennes.
De Paris à Milan, par le Simplon....	9	212
Pavie............................	15	8
Plaisance........................	20	14
Mantoue..........................	112	25
Vérone...........................	110	7
		266

	Pages.	Lieues moyennes.
D'autre part		266
Padoue	108	21
Venise	100	10
Ferrare	99	30
Bologne	28	12
Rimini	92	26
Ancône	123	20
Rome	46	45
Naples	77	52
Retour de Naples à Rome		52
Florence (de Rome à)	32	70
Livourne	42	30
Gênes	7	50
Nice	118	34
Turin	3	45
Chambéry	1	58
TOTAL		821

———

~~~~~~~~~~~~~~~~~~~~~~~~~~~~~~~~~~~~

III.

ITINÉRAIRE (*Abrégé*)

DE ROME PAR LE MONT-CÉNIS, TURIN ET SUIVANT LES CÔTES DE L'ADRIATIQUE.

———

	Pages.	Postes. (*a*)
De Paris à Chambéry............	1	36 1|2
Turin (*b*).....................	3	19 1|2
Génes........................	7	15 1|2
Pavie........................	15	6
Milan........................	9	2
		79 1|2

(*a*) Les postes sont comptées d'après l'itinéraire de Reichard, et valent environ 4 lieues de France.

(*b*) *Détour* à Nice, 20 postes de plus.

	Pages.	Postes.
D'autre part		79 1|2
Plaisance	20	5
Parme	22	4
Reggio	25	2
Modène	26	2
Bologne	28	3
Faenza	96	3 1|2
Forli	97	1
Rimini	92	3 1|2
Pezaro	91	2 1|2
Fano	126	1
Sinagaglia	125	2
Ancône	124	2
Lorette	122	2
Macerata	121	2
Foligno	86	6 1|2
Spolette	87	2
Rome	46	10
Naples	77	12
De Naples à Rome (*a*)	85	12
Sienc	44	17
		174 1|2

(*a*) En prenant par le Mont-Cassin, 2 postes de plus.

	Pages.	Postes.
D'autre part....		174 1|2
Florence (*a*)	32	5 1|2
Bologne....................	28	9
Ferrare....................	99	5
Padouc....................	108	5 1|2
Venise....................	100	3
Vicence....................	106	3
Vérone (*b*)....................	110	3 1|2
Brescia....................	114	5 1|2
Bergame....................	116	4
		218 1|2

(*a*) *Détour* à Lucques, Pise et Livourne, 12 postes. De Sienc la distance seroit moins longue, mais il n'y a pas de route de poste.

(*b*) *Détour* à Mantouc, 2 postes.

NOMS DES VILLES

PAR ORDRE ALPHABÉTIQUE.

CARTE ITINÉRAIRE
POUR
LES TABLETTES
d'un Voyageur
EN ITALIE.

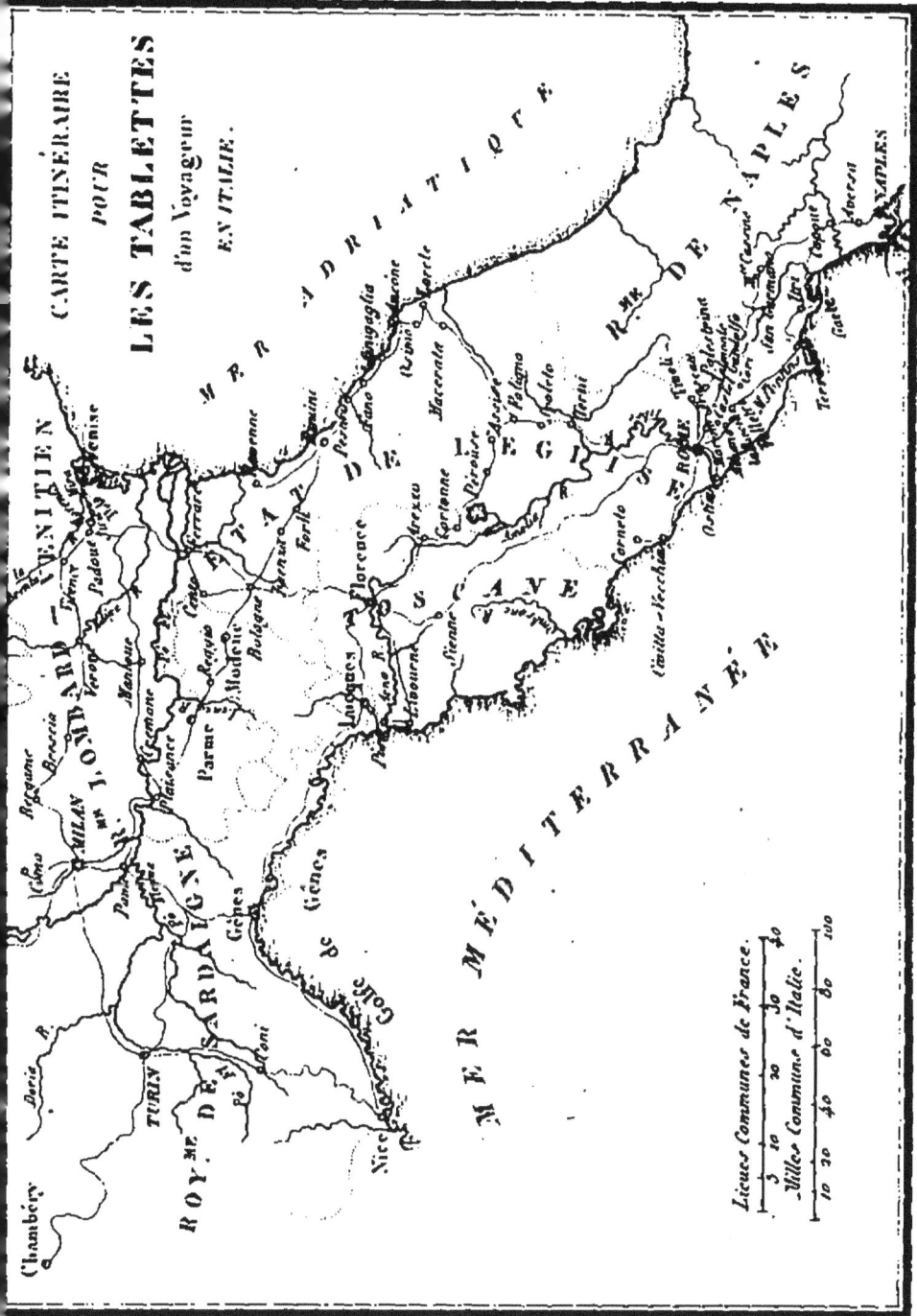

MER ADRIATIQUE

MER DE NAPLES

LOMBARD—VÉNITIEN

ÉTAT DE L'ÉGLISE

TOSCANE

ROY.ᵐᵉ DE SARDAIGNE

MER MÉDITERRANÉE

Chambéry
Doire R.
Cômes
Bergame
Brescia
MILAN
Mantoue
Vérone
Padoue
VENISE
Trévise
Crème
Pavie
Parme
Plaisance
Modène
Reggio
Bologne
Gênes
Golfe de Gênes
TURIN
Coni
Nice
Lucques
Florence
Pistoie
Sienne
Livourne
Arno R.
Arezzo
Cortone
Pérouse
Civita-Vecchia
Cornéto
ROME
Ostie
Terni
Spolète
Foligno
Macerata
Lorette
Ancône
Sinigaglia
Pesaro
Rimini
Forli
Ferrare
Tibre
Naples

Lieues Communes de France.
5   10   20   30   40
Milles Communs d'Italie.
20   40   60   80   100

TABLE D'ORDRE. (1)

---

(1) Cette table peut aussi servir de guide pour l'ordre du Voyage *V*. les itinéraires, pag. 131 et suiv.

(2) *Détour* à Nice, p. 118 et 120, 100 lieues.

(a) *Détour*, entre Coni (p. 6 et 7) et Gênes, 100 lieues.